BEI GRIN MACHT SICH IHR WISSEN BEZAHLT

Verena Caroline Wernet

Andreas Gryphius' "Cardenio und Celinde" – ein frühes bürgerliches Trauerspiel?

GRIN Verlag

Bibliografische Information der Deutschen Nationalbibliothek:

Die Deutsche Bibliothek verzeichnet diese Publikation in der Deutschen National-
bibliografie; detaillierte bibliografische Daten sind im Internet über http://dnb.d-
nb.de/ abrufbar.

Impressum:

Copyright © 2012 GRIN Verlag GmbH
Druck und Bindung: Books on Demand GmbH, Norderstedt Germany
ISBN: 978-3-656-55510-0

Dieses Buch bei GRIN:

http://www.grin.com/de/e-book/265824/andreas-gryphius-cardenio-und-celinde-
ein-fruehes-buergerliches-trauerspiel

GRIN - Your knowledge has value

Der GRIN Verlag publiziert seit 1998 wissenschaftliche Arbeiten von Studenten, Hochschullehrern und anderen Akademikern als eBook und gedrucktes Buch. Die Verlagswebsite www.grin.com ist die ideale Plattform zur Veröffentlichung von Hausarbeiten, Abschlussarbeiten, wissenschaftlichen Aufsätzen, Dissertationen und Fachbüchern.

Besuchen Sie uns im Internet:

http://www.grin.com/

http://www.facebook.com/grincom

http://www.twitter.com/grin_com

Albert-Ludwigs-Universität Freiburg i. Br.

Deutsches Seminar, Neuere deutsche Literatur

Hauptseminar: Barockdrama

Essay geschrieben von: Verena Caroline Wernet

Abgabedatum: 21.05. 2012

Inwieweit kann das Trauerspiel *Cardenio und Celinde* von Andreas Gryphius als ein frühes bürgerliches Trauerspiel gelten?

In der Forschung wird kontrovers diskutiert, ob Andreas Gryphius' Trauerspiel *Cardenio und Celinde* als ein frühes bürgerliches Trauerspiel interpretiert werden kann oder nicht. In dem folgenden Essay möchte ich kurz darlegen, welche Aspekte die These untermauern, dass *Cardenio und Celinde* als ein Vorläufer des bürgerlichen gelten kann und in welchen Punkten sich das Drama deutlich von der Gattung des bürgerlichen Trauerspiels abhebt. Um eine exakte Begriffsklärung zu ermöglichen, möchte ich zunächst auf die charakteristischen Merkmale des bürgerlichen Trauerspiels in der Definition von Andrea Heinz verweisen.

Das bürgerliche Trauerspiel ist die „dramatische Gattung des 18. Jh.s, in der Personen und familiäre Konflikte zumeist empfindsam dargestellt werden."[1] Es handelt sich dabei stets um Prosadramen. Das dramatische Personal entstammt dem Mittelstand (Bürgertum, niederer Adel), da dem Bürger nun die nötige Fallhöhe für die Tragödie zugesprochen wird. Folglich ist die Ständeklausel aufgehoben. „Es handelt sich um gemischte Charaktere, deren Untergang in dieser säkularisierten Gattung aus einem Fehler bzw. Irrtum und nicht aus göttlicher oder schicksalhafter Fügung resultiert. Die Handlung spielt nicht im öffentlich-politischen Raum der Historie, sondern im privaten Kreis der Familie des 18. Jh.s. [...],"[2] wobei sich oft breit ausgestaltete und empfindsame Familienszenen finden. Zentral ist die Propagierung der bürgerlichen Tugend- und Moralvorstellungen. In der Forschung wurde jahrzehntelang kontrovers

---

[1] Zitiert nach: Andrea Heinz: Bürgerliches Trauerspiel, in: Dieter Burdorf, Christoph Fasbender, Burkhard Moennighoff (Hrsg.): Metzler Lexikon. Literatur. Begriffe und Definitionen, Stuttgart, Weimar 2007³, S. 109f.

[2] Vgl. ebd.

darüber diskutiert, „ob ›bürgerlich‹ als Standesbezeichnung oder als Synonym für ›allgemein menschlich‹ zu übersetzen sei; beide Überzeugungen können jedoch nebeneinander bestehen."[3]

Die formale Betrachtung von Gryphius' *Cardenio und Celinde* zeigt, dass das Drama in den Redepassagen durch den Alexandriner (jambischer Sechsheber) rhythmisiert wird. Zudem sind die Redepassagen als Verse gestaltet, die durch Paarreime verknüpft sind. Ausgenommen von diesem Schema sind die Reyenpassagen am Ende der Abhandlungen, da in diesen Passagen Reimschema und Metrum zuweilen variiert werden.[4] Folglich handelt es sich bei dem Drama um ein Versdrama, weshalb es sich formal nicht in die Nähe des bürgerlichen Trauerspiels rücken lässt. Obwohl das Drama fünf Abhandlungen aufweist, ist der „klassische" geschlossene Kausalzusammenhang zwar vorhanden, aber nicht so detailliert durchkomponiert wie in Dramen, in denen jeder Akt sich in Aufzüge untergliedern lässt, sodass sich das Fünf-Akte-Schema mit Exposition, Schürzung des dramatischen Knotens, Peripetie, Retardierendes Moment und Katastrophe nicht ganz eindeutig ergibt. Die klaren Zäsuren, die man aus späteren Dramen kennt, finden sich bei Gryphius nicht.

Auffallend ist, dass Gryphius nach der Vorrede an den Leser und vor dem Einsetzen des Dramas eine kurze Inhaltsangabe des Dramas einfügt. Diese Passage erinnert in ihrem knappen Stil an die epischen Einleitungen, mit denen Brecht um den Verfremdungseffekt zu erzielen in einigen seiner Dramen - beispielsweise in *Mutter Courage und ihre Kinder* – die einzelnen Bilder einleitet. Eine derartige Einleitung und Vorwegnahme des Handlungsverlaufs ist jedoch kein Merkmal des bürgerlichen Trauerspiels.

Die Betrachtung des Personenverzeichnis ergibt, dass es sich bei den Akteuren des Dramas nicht um Personen höheren Standes, sondern um Vertreter der „Mittelschicht" handelt. Weder im Personenverzeichnis noch im Verlauf des Dramas

---

[3] Vgl. ebd.

[4] Als Beispiel für diese These möchte ich auf V. 251-260 verweisen, da diese Strophe durch einen trochäischen Vierheber rhythmisiert und durch Kreuzreime verknüpft wird.

finden sich Hinweise darauf, dass ausschließlich Personen höheren Standes agieren. Die Ständeklausel ist somit durchbrochen, womit *Cardenio und Celinde* ein wesentliches Merkmal des bürgerlichen Trauerspiels aufweist. Dementsprechend ist die Sprache an die Personen angepasst, sodass „die Art zu reden [...] gleichfalls nicht viel über die gemeine"[5] ist. Ein weiterer Aspekt der sprachlichen Gestaltung ist, dass die Sprache des Dramas die typische barocke Bildlichkeit aufweist, welche nicht der Gattung des bürgerlichen Trauerspiels entspricht. Das Verzeichnis der „Personen deß Trauer-Spiels"[6] offenbart darüber hinaus, dass sich in dem Drama okkulte und transzendente Elemente wie Geister und eine Zauberin finden. Diese Elemente sind mit dem Zeitraum der Aufklärung, nach der das bürgerliche Trauerspiel seine Anfänge nimmt, kaum in Einklang zu bringen, sodass durch diese das Drama inhaltlich nicht in die Nähe des bürgerlichen Trauerspiels zu rücken ist. Interessant ist, dass diese Elemente in unmittelbarer gedanklicher Nachbarschaft zu Ideen aus der griechischen Mythologie stehen. Trotz dieser Bezüge dominieren christliche Motive und Konzepte das Drama. Unter diesem Aspekt lässt sich *Cardenio und Celinde* in der Nähe zu dem bürgerlichen Trauerspiel verorten, da in jener Gattung bürgerlich-christliche Moralvorstellungen richtungsweisend sind.

Cardenio und Celinde endet mit der Propagierung des barocken Motivs Memento mori, da Cardenio in Übereinstimmung mit weiteren Protagonisten an die menschliche Endlichkeit erinnert: „Wer hier recht leben wil vnd jene Kron ererben / Die vns das Leben gibt; d e n c k j e d e S t u n d a n s S t e r b e n."[7] Dieses Motiv ist charakteristisch für die barocke Literatur, jedoch nicht für die Gattung des bürgerlichen Trauerspiels.

Inhaltlich lässt sich *Cardenio und Celinde*, wie es die Gattung des bürgerlichen Trauerspiels erfordert, im privaten, nicht-öffentlichen Raum ansiedeln. Jedoch wird nicht ein familiärer Konflikt geschildert, sondern es werden unterschiedliche

---

[5] Andreas Gryphius: Cardenio und Celinde. Oder Unglücklich Verliebte. Trauerspiel, Stuttgart 1995, (RUB 8532), S. 6.
[6] Gryphius, (wie Anm. 5), S. 12.
[7] Gryphius, (wie Anm. 5), V. 429ff.

Liebesauffassungen und ihre Folgen thematisiert. Daher gibt es keine breit ausgestalteten und empfindsam gestalteten Familienszenen und es entfallen die Szenen der bürgerlichen und familiären Nähe und Vertrautheit.

Summa summarum kann festgehalten werden, dass Gryphius' *Cardenio und Celinde* Elemente des bürgerlichen Trauerspiels aufweist, weshalb die Verortung als Vorläufer des bürgerlichen Trauerspiels durchaus berechtigt ist. Um diese These zu untermauern müsste jedoch möglicherweise noch detaillierter Gryphius' Intention und die Wirkungsabsichten des bürgerlichen Trauerspiels analysiert und verglichen werden. Festzuhalten ist aber auch, dass sich auch zahlreiche Elemente finden, die nicht charakteristisch für die Gattung des bürgerlichen Trauerspiels sind.